Anne Kierulf

NICOLINE

Eine Katzengeschichte

Gerstenberg Verlag

Hoch oben im Norden, da wo die Berge fast bis ans Meer reichen, liegt eine kleine Stadt. Mitten in der Stadt steht ein großes Haus mit einer blauen Tür und blauen Fenstern.

In diesem Haus lebt Nicoline. Sie kam als kleines Kätzchen hierher. Inzwischen ist sie ein Jahr alt. Sie spielt oft draußen im Garten, doch in die Stadt traut sie sich nicht. Denn Nicoline ist eine brave Hauskatze.

Heute ist sie unruhig und ganz anders als sonst.
Sie wälzt sich auf dem Boden und klettert an den Vorhängen hoch.
„Ich will raus", miaut sie. Doch niemand hilft ihr.
Schließlich springt sie auf den Türgriff und klammert sich mit ihren Pfoten daran fest, bis die Tür sich öffnet. Dann schlüpft sie nach draußen.

Sie saust die Treppe hinunter und durchs Tor auf die Straße.

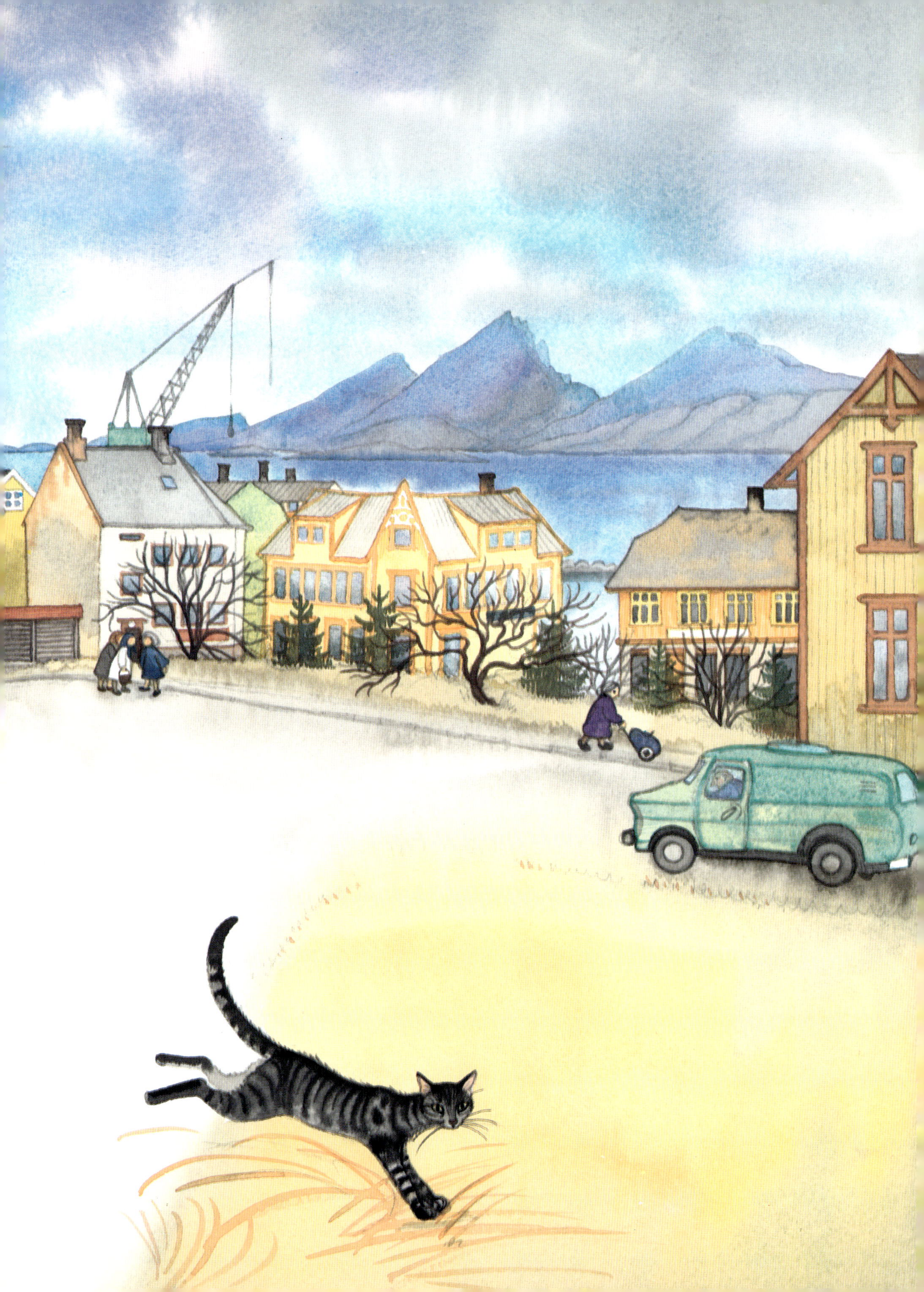

Der Frühling ist da. Es riecht herrlich, und die Vögel zwitschern. Aus einem Haus strömt der Duft von gebratenem Fisch, doch darauf hat Nicoline keinen Appetit.

In dem Haus wohnt eine freundliche Frau.
Sie füttert streunende Katzen mit gebratenem
Fisch. Nicoline möchte diese Katzen gern kennen-
lernen, doch sie hat ein bißchen Angst. Darum
schleicht sie sich vorbei.

Sie läuft schnell zur Bäckerei. Hier riecht es nach frischem Brot. Sie beobachtet eine Krähe, die einen Leckerbissen verspeist.

Dann läuft Nicoline weiter. In einem Hinterhof sieht sie ein paar Katzen. Ob sie denen 'guten Tag' sagen soll? Ach nein, lieber nicht!

Schließlich kommt sie an
eine Kreuzung.
Welchen Weg soll sie bloß
einschlagen?

Sie läuft zum Hafen.
Die Möwen schreien. Es
riecht nach Seetang und Salzwasser.
Auf dem Wasser tummeln sich Enten.
Die Vögel versuchen, Fischreste zu ergattern,
die als Abfall ins Meer geworfen werden. Ein
streunender Kater hat sich einen Fisch geschnappt.
Möchte Nicoline etwa einen Bissen abhaben?

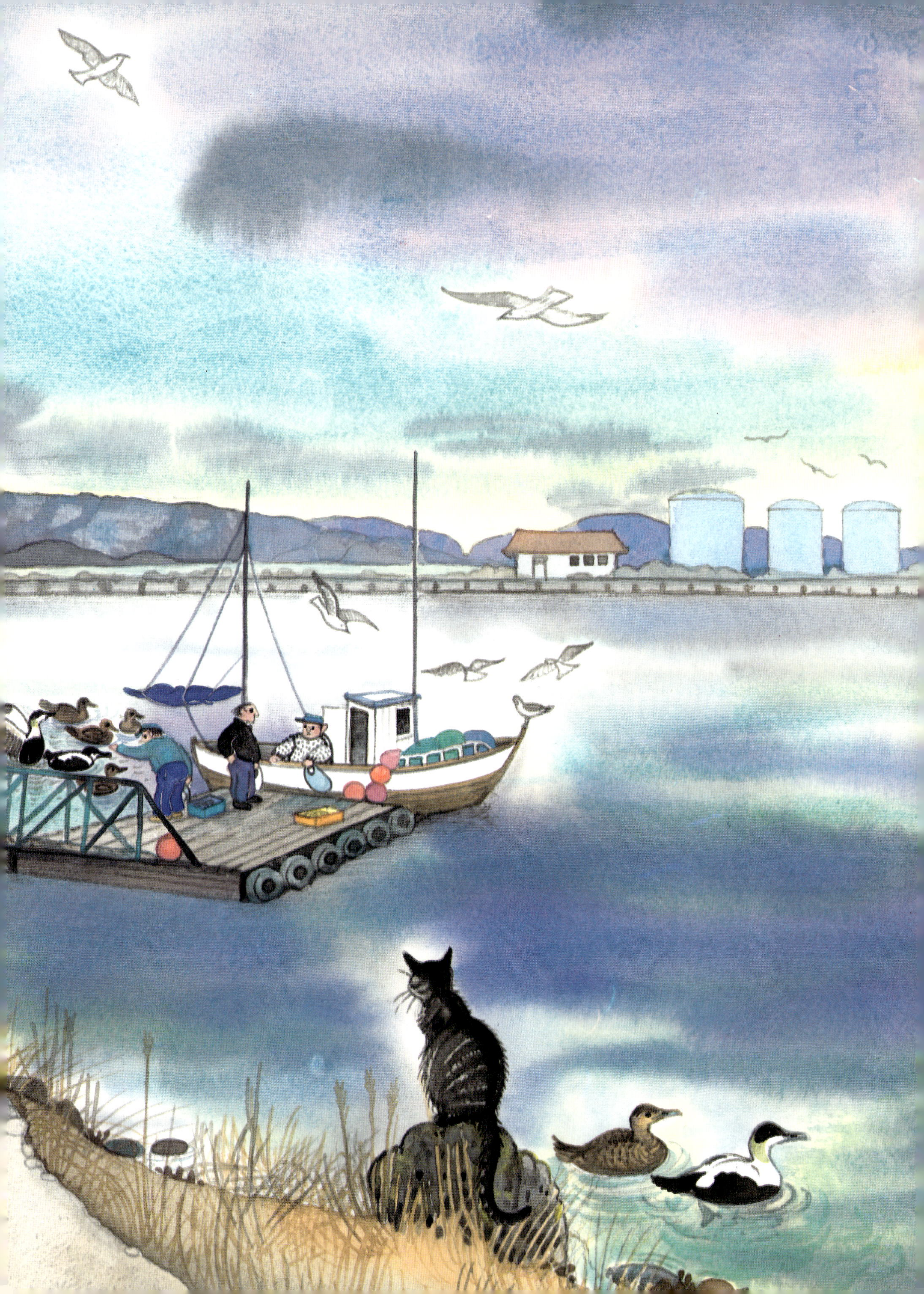

Nicoline rennt nach Hause.

Im Garten trifft sie Timmy, den Hund. Er wedelt mit dem Schwanz, als wollte er sagen: „Was willst du eigentlich?" Doch Nicoline antwortet nicht.

Beide gehen ins Haus. In der Küche gibt es Milch für Nicoline und etwas zu fressen. „Ich glaube, Nicoline bekommt bald Junge", sagt Mutter zu Vater.

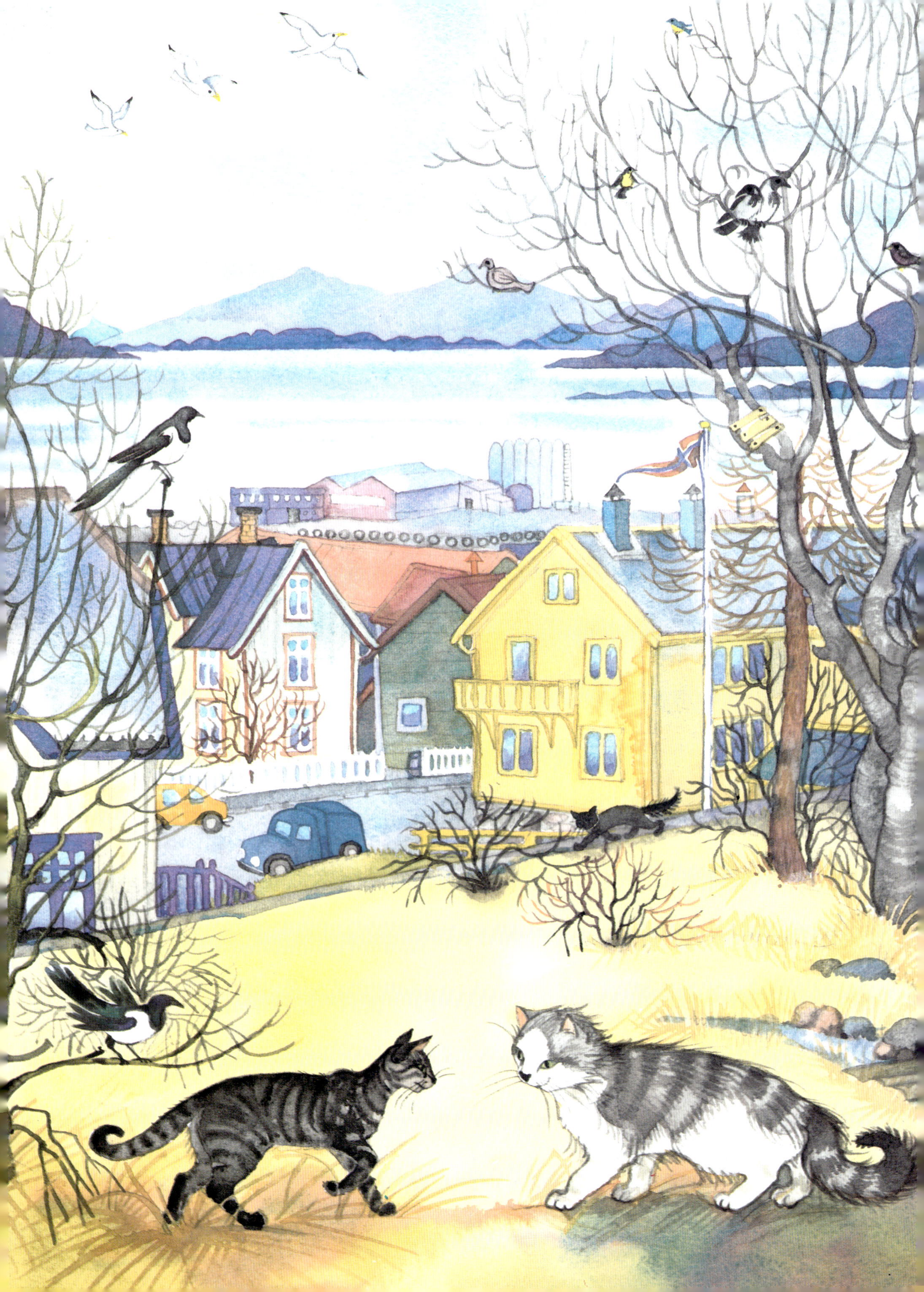

Am nächsten Tag ist Nicoline wieder unterwegs.
Hinter dem Haus trifft sie einen Kater. Und jetzt
weiß Nicoline endlich, was sie will. „Ich heiße
Nicoline", flüstert sie. „Und wie heißt du?"
„Ich bin ein streunender Kater und heiße Stromer."
Stromers Fell ist zerzaust. Er starrt Nicoline an.
Nicoline möchte mit ihm zusammen sein.
Sie bleiben den ganzen Tag draußen.

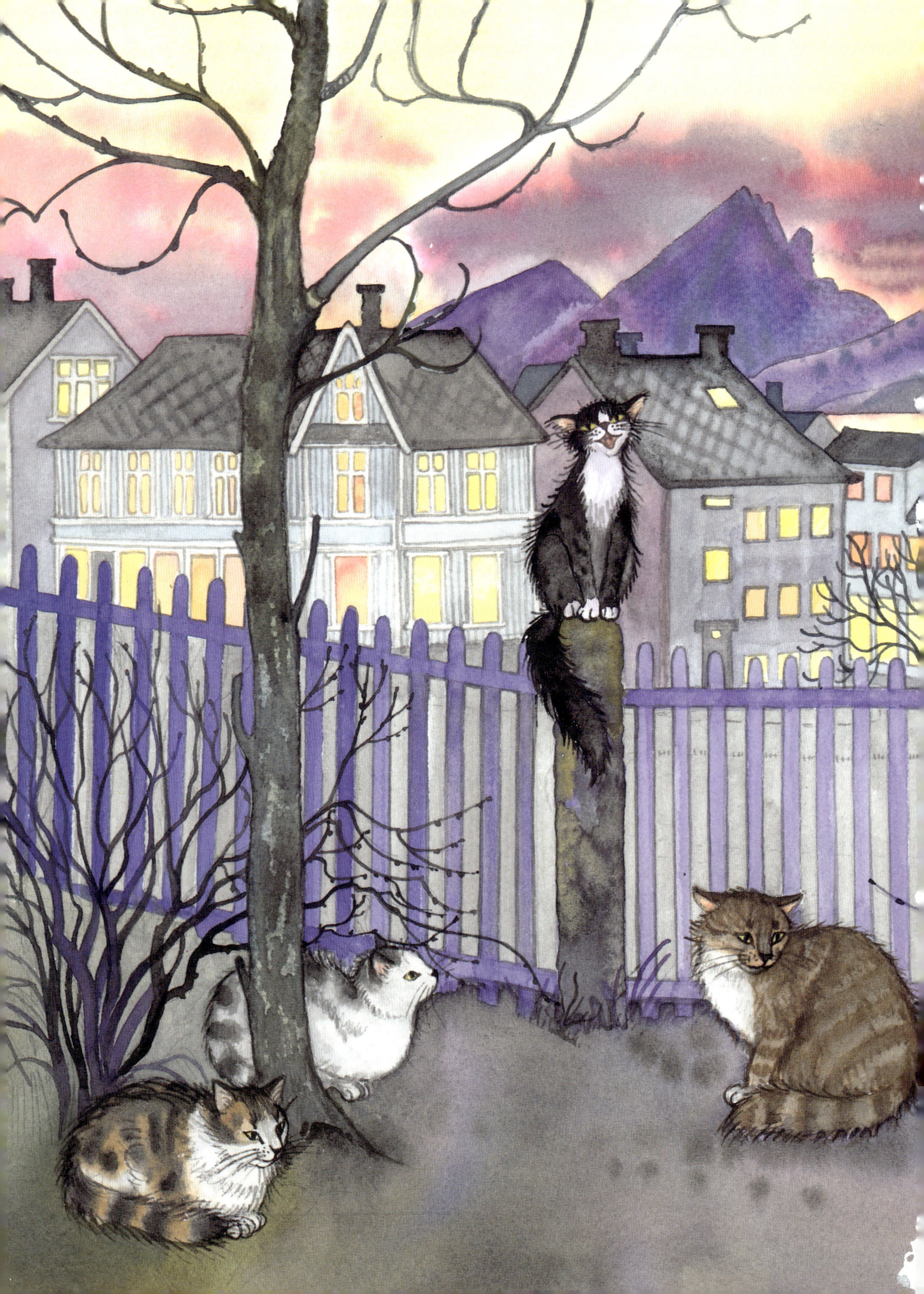

Nachts streichen viele Kater um das Haus, in dem Nicoline wohnt. Sie machen fürchterlichen Lärm und miauen: „Komm raus, Nicoline, komm raus!"

Nicoline möchte aber nur mit Stromer zusammensein. Als die anderen Kater das merken, trollen sie sich. Stromer ist jetzt Nicolines Freund. Er will sich mit ihr paaren, damit sie Katzenbabys bekommt.

Nicoline schmust gern mit Stromer. Doch nun ist es genug.

Sie maunzt und gibt ihm einen Klaps.
Anschließend putzen sie sich und pflegen ihr Fell.

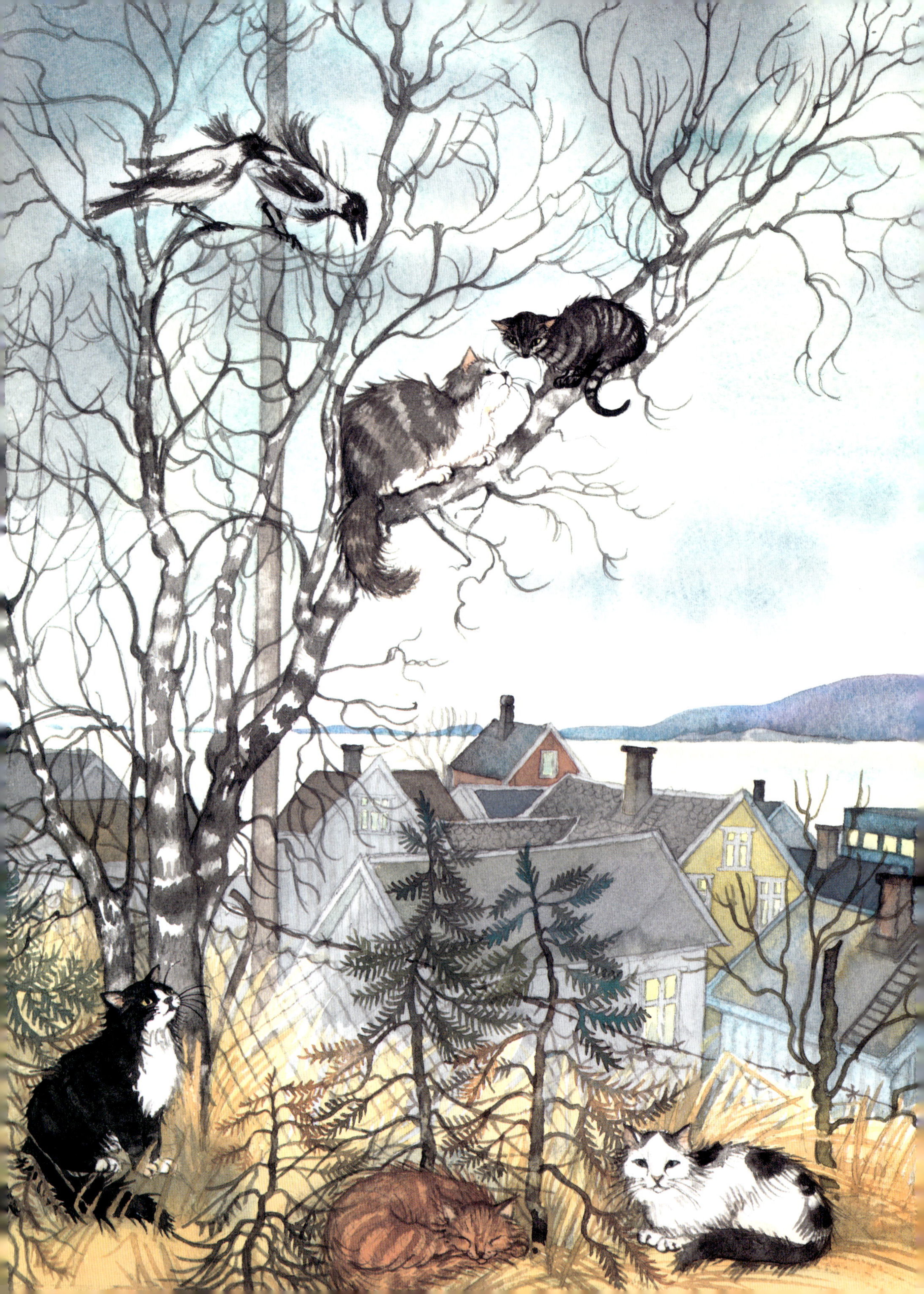

Nicoline und Stromer bleiben einige Tage zusammen.
Manchmal kommen auch andere Kater in den Garten.

In der Nähe lebt ein alter Hund.
Dem gehen die Katzen auf die Nerven,
und er jagt sie, bis er außer Atem ist.
Die Katzen rennen um ihr Leben.

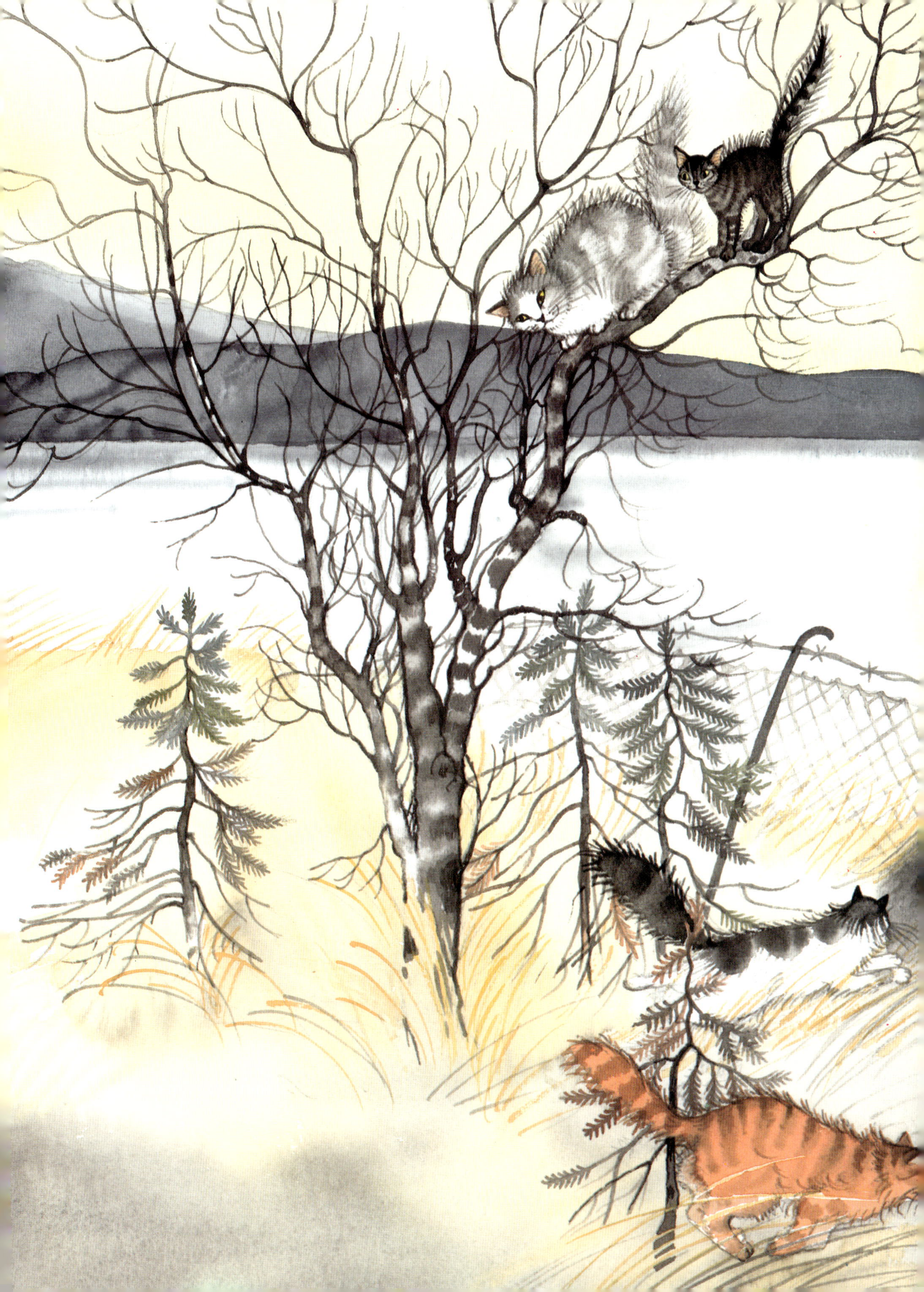

Nicoline und Stromer verbringen den letzten Morgen zusammen auf dem Hügel. Dann trennen sich ihre Wege. Nicoline kratzt am Fenster, und Mutter läßt sie herein.

Jetzt will Nicoline nicht mehr nach draußen,
sondern schläft fast den ganzen Tag.
Sie ist nicht mehr rollig.
Die streunenden Kater sind auch verschwunden.
Nun ist Nicoline wieder eine brave Hauskatze.

Die Zeit vergeht. Nicoline spielt im Garten und tollt herum. Sie jagt hinter trockenen Blättern her, die der Wind aufwirbelt. Sie ärgert die Vögel, die auf den Bäumen sitzen. Und sie ißt mehr als je zuvor.

Dann macht sie sich auf die Suche. Sie braucht einen sicheren Platz, wo sie ihre Babys zur Welt bringen kann. Sie fühlt, wie die Kätzchen in ihrem Bauch Fußball spielen.

Nicoline wird immer dicker. Eines Tages, mitten im Sommer, fängt sie an zu stöhnen. Was ist bloß mit Nicoline los? Sie will ins Haus, denn sie weiß jetzt, wo sie ihre Kätzchen zur Welt bringen will:
in Mutters Bett.

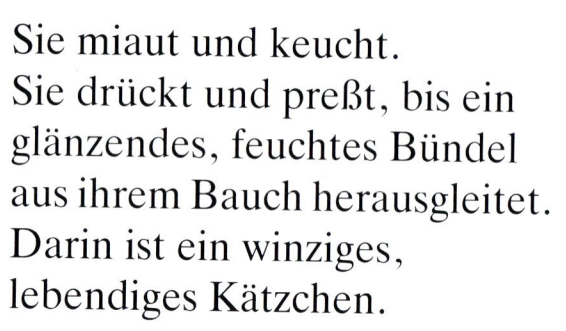

Sie miaut und keucht. Sie drückt und preßt, bis ein glänzendes, feuchtes Bündel aus ihrem Bauch herausgleitet. Darin ist ein winziges, lebendiges Kätzchen.

Nicoline leckt ihr Kätzchen trocken. Dann kommen noch zwei. Sie krabbeln umher, bis jedes eine Zitze findet, an der es saugen kann.

Die Kätzchen heißen Pia, Penny und Peter.

Jetzt hat Nicoline viel zu tun.
Sie muß die Kätzchen waschen und füttern.
Sie leckt sie und schnurrt dabei
wie ein Spinnrad.

Die Kätzchen wachsen schnell. Sie spielen miteinander, und manchmal zanken sie sich auch.
Drei Wochen später sind sie groß genug, um allein aus der Kiste zu springen.

Am Anfang fürchten sie sich vor Timmy, und ihre Mutter muß aufpassen. Doch dann gewöhnen sie sich an den freundlichen Hund. Nicoline bringt ihnen bei, wie man aus einer Schüssel frißt.

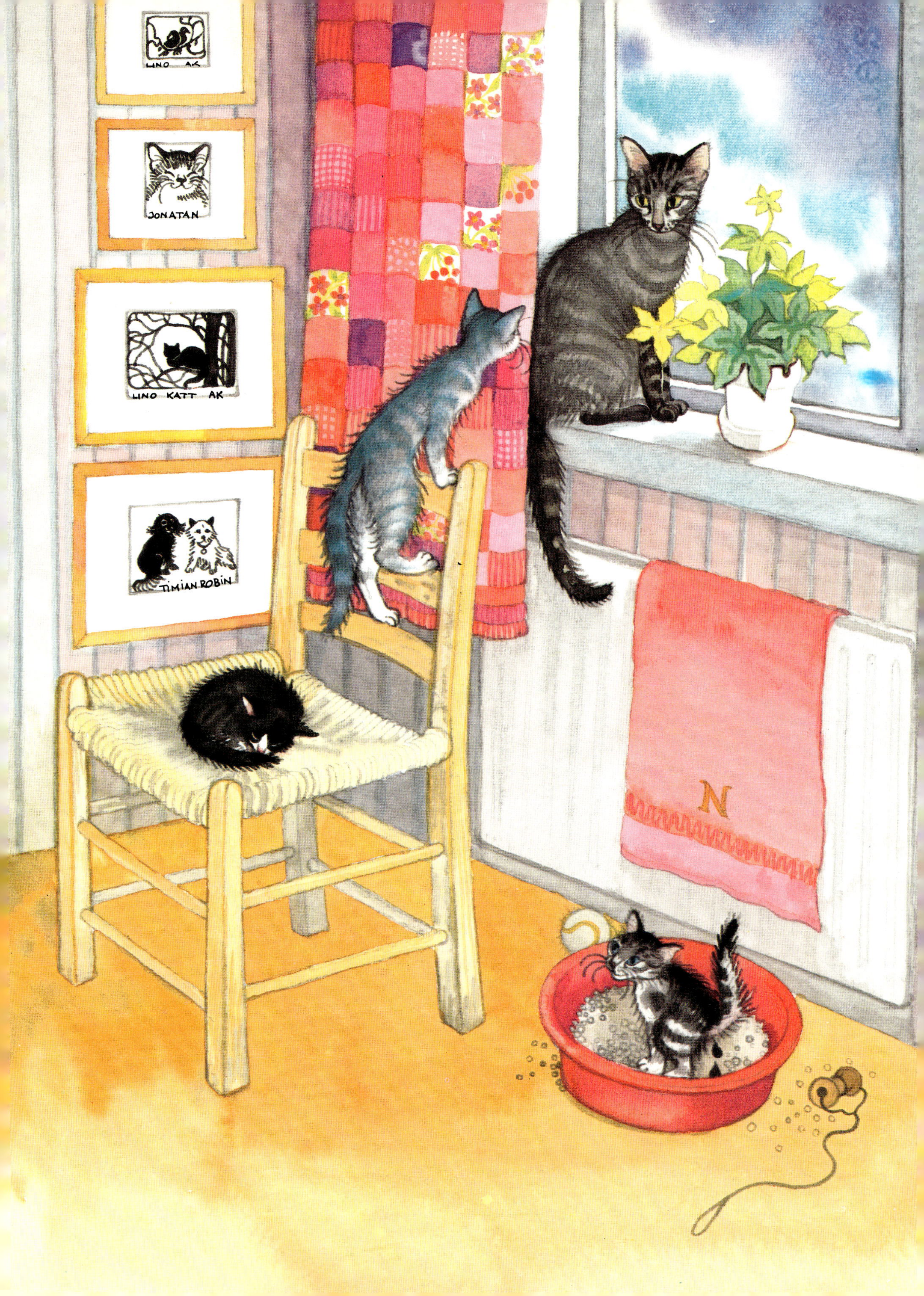
LINO AK
JONATAN
LINO KATT AK
TIMIAN ROBIN
N

Nachts, wenn die anderen schlafen, sammelt Nicoline ihre Kinder um sich. Sie miaut ihnen etwas vor, erzählt Katzengeschichten und spielt mit ihnen. Sie bringt ihnen alle wichtigen Dinge bei. Das macht ihr viel Spaß.

Bald werden die Kätzchen mit Nicoline in den Garten gehen, und später dann in die große weite Welt.